ZU DIESEM NACHDRUCK

Das „Merkbuch zur Erhaltung von Baudenkmälern" könnte gestern geschrieben worden sein oder morgen geschrieben werden, so aktuell ist es in der Darstellung denkmalpflegerischer Sorgen, Nöte und Anforderungen. Wenn auch ein gelegentliches Schmunzeln zur Ausdrucksweise oder zu veralteten Techniken den Leser erfreut, so ist das Merkbuch doch kein erbauliches Lesebuch. In der Tat ist es so, daß in der Zeitspanne von fast 90 Jahren Bewußtsein und Verständnis für Denkmalschutz und Denkmalpflege in grundlegenden Fragen, wie dem „Schönmachen", dem Umgang mit dem geschichtlichen Original oder bei Rekonstruktionen nur geringfügig weiterentwickelt werden konnten. So könnte man aus den Mahnungen und Hinweisen des „Konservators der Kunstdenkmäler Preußens, Geheimem Oberregierungsrat und vortragendem Rate im Preußischen Kultusministerium H. Lutsch" aus dem Jahre 1912 sofort eine aktuelle Denkmalfibel entwerfen.

Der Denkmalpfleger Lutsch warnt nicht nur schon zu Anfang des Jahrhunderts vor Salzsäure und Drahtbürsten zur Entfernung von Altanstrichen, vor der Verwendung von zu vielem Zement im Mörtel, vor „gekünstelten Oberflächen", vor Lecks durch ungeeignete Dachanschlüsse, vor Metallkehlen bei Ziegel- und Schieferdächern, vor dem Überstreichen der Natursteine mit Ölfarbe und der Übertünchung von Holzschnitzwerken und anderen Denkmälern und Denkmalresten, sondern auch vor einer „zerstörungslustigen Jugend".

Der Autor fordert auch bereits: „Als oberster Grundsatz für alle Arbeiten an Denkmalbauten muß gelten, möglichst nur das zu tun, was zur Erhaltung des Bestandes dringend notwendig ist, und Altes gegen Neues nur unter maßvoller Zurückhaltung auszuwechseln“ und zur Stützung dieses obersten Gebotes denkmalpflegerischer Maßnahmen sorgfältige Untersuchungen des Gebäudes sowie detaillierte Aufmaße. Schließlich sieht Lutsch auch bereits die Notwendigkeit, nur ausreichend für die Denkmäler sensibilisierte und ausreichend geschulte Fachkräfte mit Denkmalpflegearbeiten zu betrauen, wenn er schreibt: „Als Leitende wie Ausführende sind nur Fachleuchte anzunehmen, die sich bereits bei Arbeiten dieser Art bewährt haben, d. h. solche, die neben hervorragender technischer Erfahrung auch über die Fähigkeit verfügen, sich liebevoll in den Geist der Bauanlage zu vertiefen und, wo Ausbesserungen nicht zu umgehen sind, unter Zurückstellung der eigenen Persönlichkeit nicht gegen den ursprünglichen Sinn zu schaffen.“ Oder „Das Wesen der Bauten früherer Jahrhunderte ist ganz anders geartet als das der neueren, ihr Gefüge ist dem neuzeitlichen Architekten meist fremd. Mit den oft rasch wechselnden Gebräuchen heutiger Bautechnik läßt sich deshalb an alten Baudenkmälern wenig ausrichten.“

Die denkmalpflegerischen Methoden sind seit 1912 sehr viel verfeinert worden, Begriffe veränderten ihre Inhalte, und schließlich wurde die Bautechnik weiterentwickelt. So sind die Zelloidin- oder Albumin- und Bromsilbergelatineabzüge ebenso überholt wie die Asphalt- und Bleiplattenisolierschichten als Horizontalsperren, die verzinnten oder vergoldeten Eisenklammern, der „Gudronanstrich“ gegen Feuchtigkeit, die Seifensiederlauge zum Ablaugen von Ölanstrichen auf Grabsteinen oder Estrichgips als Fugenmörtel für Ziegelfußböden. Das im Text genannte „Schweißwasser“ ist das später oft als Schwitzwasser bezeichnete Kondensat auf der Innenseite der Fensterglasscheiben, und entgegen allen Forderungen heutiger Bauordnungen lobt der Autor Lutsch 1912 noch das Verziehen der Schornsteine im Dachraum zur Erzielung besonderer architektonischer Lösungen.

Das eine oder andere scheint zunächst schwer verständlich, wie z. B. der schon Anfang des 20. Jahrhunderts gegebene Hinweis, daß Schmiedearbeiten zu teuer seien. Wieder anderes wird nur zu verständlich, wie der Hinweis: „Zink kommt für Denkmalbauten als unzuverlässiger Werkstoff überhaupt nicht in Betracht." Lutsch hat schon gewußt oder vorausgesehen, wie schwer es alle nachfolgenden Berufskollegen mit der Restaurierung von Bauteilen aus Zink haben.

Wie an vielen anderen Stellen, so dem Umgang mit Regenrinnen oder dem schon genannten Kondensat an Kirchenfenstern, den Gefahren von undichten Regenrohren oder dem Umgang mit den Altersspuren von Patina bis zu Schmutzkrusten wird sehr deutlich, daß die Problemstellungen von 1912 bis in unsere Zeit vielfach gleichgeblieben sind.

Interessant ist die Gliederung der „Denkmalpflegearbeiten" durch den Autor in:

- Erforschung
- Schutz gegen Abbruch oder Umbau
- Erhaltung

sowie die beiden großen Kapitel des Textes über die „Erhaltung von Baudenkmälern" und die „Unterhaltung von Ruinen". Aus der Gliederung wird deutlich, daß 1912 noch weniger scharf in Denkmalschutz und Denkmalpflege unterschieden wurde. Das große eigene Kapitel „Grundsätze für die bauliche Unterhaltung von Ruinen im Sinne der Denkmalpflege" zeigt die Wertschätzung der Ruine als Denkmal.

Insgesamt kann Lutschs „Merkbuch zur Erhaltung von Baudenkmälern" an vielen Stellen auch heute noch den Denkmalpflegern ein gutes Merkbuch sein.

Prof. Manfred Gerner
Deutsches Zentrum für Handwerk und Denkmalpflege
Probstei Johannesberg, Fulda

Dom zu Limburg an der Lahn

Merkbuch zur Unterhaltung von Baudenkmälern

von Hans Lutsch

Konservator der Kunstdenkmäler Preußens,

Geheimem Oberregierungsrat und vortragendem Rate

im Preußischen Kultusministerium.

Berlin.

Carl Heymanns Verlag.

1912

Reprint nach der Originalausgabe von 1912
»Merkbuch zur Erhaltung von Baudenkmälern
zunächst in Norddeutschland«
aus dem Bestand der Universitätsbibliothek Hannover (AB 9749)
seinerzeit im Carl Heymanns Verlag, Berlin, erschienen
und gedruckt bei Julius Sittenfeld, Berlin

Begleittext von
Prof. Dr.-Ing. Manfred Gerner
Deutsches Zentrum
für Handwerk und Denkmalpflege, Fulda

ISBN 3-88746-389-7
Bestell-Nr. 4025

Gesamtherstellung
Th. Schäfer Druckerei GmbH, Hannover

Inhalt.

Seite

I. Anleitung zur Erhaltung von Baudenkmälern 5

II. Grundsätze für die bauliche Unterhaltung von Ruinen im Sinne der Denkmalpflege 30

Schlagworte 39

I.

Anleitung zur Erhaltung von Baudenk-mälern.

Das weite Gebiet der Denkmalpflege läßt sich nach drei Begriffen sondern:

1. die Erforschung der Denkmäler,
2. ihre Sicherung gegen Abbruch oder Umbau infolge veränderter Verkehrsverhältnisse oder Nutzungsarten und, wenn dies gelingt,
3. die Sorge für die technische Erhaltung des heutigen Zustandes.

Über die erstgenannte Aufgabe gibt die im Jahre 1902 bei Ernst & Sohn in Berlin veröffentlichte Denkschrift über „Die formale Gestaltung der Kunst-denkmälerverzeichnisse der preußischen Provinzen" Richtlinien. Nach einer mehr als sechzigjährigen Arbeit auf diesem Gebiete ist man zu ziemlich fest-stehenden Anschauungen gelangt. Die zweite Auf-gabe führt in jedem Einzelfalle vor neue Schwierig-keiten, deren Beseitigung fast jedesmal neue, eigen-artige Lösungen zum Schutze der Denkmäler zeitigt.

Allgemein gültige Regeln können sich hier nicht bilden.

Um so besser gestatten die reichen Erfahrungen der letzten Jahrzehnte, für das dritte Teilgebiet Erfahrungsgrundsätze aufzustellen, deren Anwendung mit mehr oder minder geringen oder keinen Änderungen durchführbar sein wird.

Nachstehende Anleitung bezieht sich auf alle Baudenkmäler, ganz gleich, ob sie im Besitze von Privatleuten, einer Korporation des öffentlichen Rechts (Provinz, Stadtgemeinde, Kirchengemeinde u. a.) oder des Staates stehen. Bei letzteren sind einzelne dieser Vorschläge in Preußen schon durch Ministerial-Erlasse eingeführt; doch soll in dieser formalen Beschränkung auf Staatsbesitz keine sachliche Grenze liegen. Wer über die Erhaltung von Denkmälern zu bestimmen hat, kann sich freiwillig diese Anleitung zunutze machen. Denn das Ziel der Denkmalpflege ist überall das gleiche: den reichen und schönen Schatz alter Denkmäler durch sorgsame Pflege der Nachwelt zu erhalten, zum frohen Genießen, zur geschichtlichen Belehrung und zur Nacheiferung.

Das Wesen der Bauten früherer Jahrhunderte ist ganz anders geartet als das der neueren, ihr Gefüge ist dem neuzeitlichen Architekten meist fremd. Mit den oft rasch wechselnden Gebräuchen heutiger Bautechnik läßt sich deshalb an alten Baudenkmälern wenig ausrichten, wird das Zurückgreifen auf das Wesen der alten Gefügeart unerläßlich.

Unter diesen Voraussetzungen wird die Denkmalpflege zu einem fest abgegrenzten Zweiggebiete der Kunst, das seine eigenen Gesetze hat: diese mögen nun in knapper Form besprochen werden.

I. Vorarbeiten.

Sollen an einem Baudenkmal Arbeiten vorgenommen werden, so ist schon auf die Vorbereitung, die Untersuchung des Gebäudes und die Beschaffung der technischen Unterlagen Sorgfalt zu verwenden. Dabei ist ein berufener Sachverständiger, in Preußen der amtlich angestellte Provinzialkonservator zu beteiligen. In den Zeichnungen muß zwischen der Aufnahme des vorhandenen alten Zustandes und der Darstellung der beabsichtigten Neuerungen klar unterschieden werden; beides gänzlich zu trennen wird meistens vorteilhaft sein. Die Unterlagen sollen eine möglichst deutliche Vorstellung des Bauwerks und seiner Umgebung vermitteln, auch über die Werkstoffe, aus denen das Gebäude errichtet ist. Dazu gehört außer Grundrissen, Ansichten und Schnitten, am besten im Maßstabe 1:50, ein durch Angabe der Nordlinie orientierter Lageplan mit den nötigen Höhenangaben, und mit Eintragung der erhaltenswerten Umwehrungen, Bäume und Gräber. Auch die Beschaffenheit des Baugrundes, der oberen Erdschichten, der Grundwasserstand und die Vorflut-

Knochenhauer-Amtshaus Hildesheim.

ERDGESCHOSS U. ERSTE ETAGE

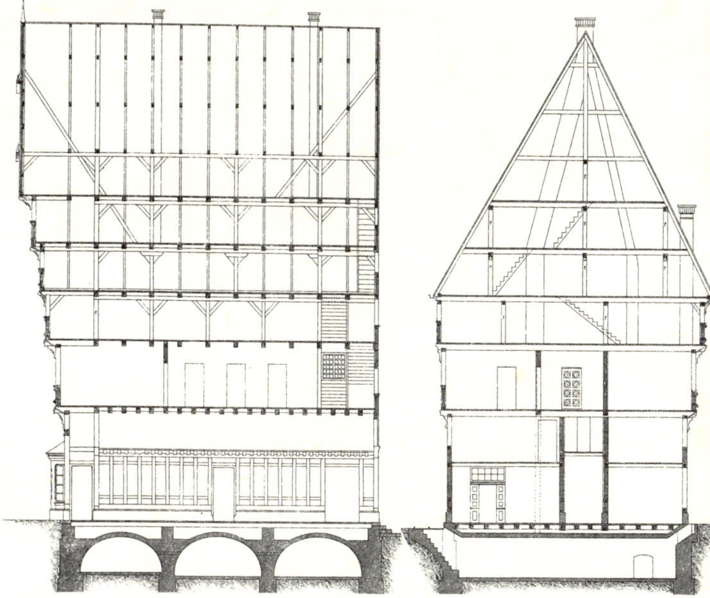

ERDGESCHOSS

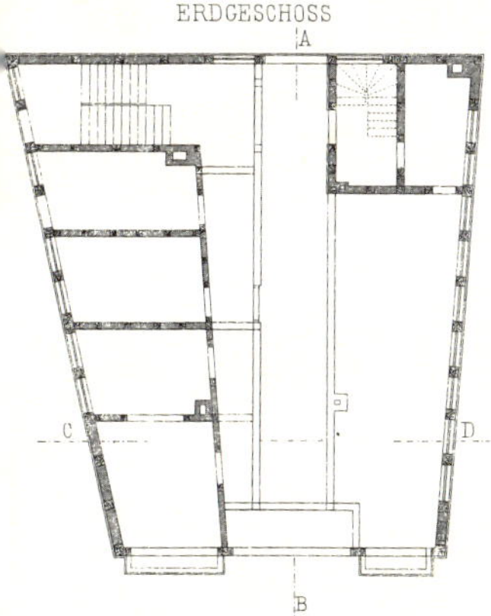

ERSTE ETAGE

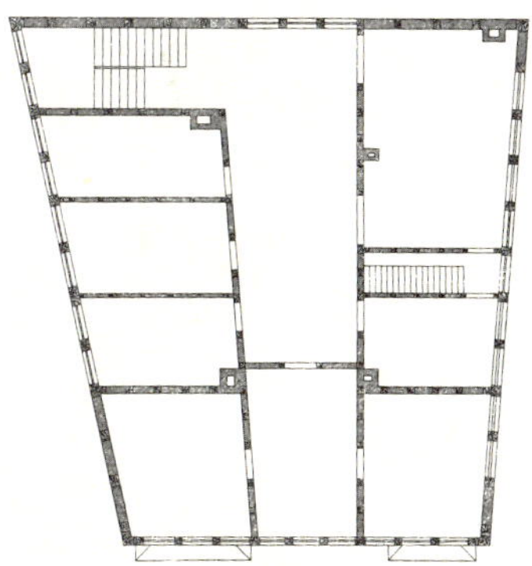

Knochenhauer-Amtshaus Hildesheim.

verhältnisse sind anzugeben. Ferner müssen auf ihm die Besitzverhältnisse ersichtlich gemacht werden. Einzelheiten, wie Ausstattungsstücke und Grabmäler, verlangen Darstellung in größeren Maßstäben (mindestens 1:20). Im Lageplan ist tunlichst der Standpunkt der photographischen Aufnahme, in Zeichnungen ein Maßstab zeichnerisch darzustellen. An Stelle der üblichen schnell vergilbenden Zelloidin- oder Albuminabzüge sind Bromsilbergelatinekopien zu empfehlen.

Ganz allgemein ist anzuraten und für die Kostenanschläge zu berücksichtigen, daß behufs Erhaltung des Originalwertes kleinere Schäden, sogenannte Schönheitsfehler, an Bauwerken und ihrer Ausstattung, in Ziegeln, Werkstein, Holz und Malerei nicht ausgebessert werden. Unter allen Umständen ist Überarbeitung des Werksteins zu vermeiden. Als oberster Grundsatz für alle Arbeiten an Denkmalbauten muß gelten, möglichst nur das zu tun, was zur Erhaltung des Bestandes dringend notwendig ist, und Altes gegen Neues nur unter maßvoller Zurückhaltung auszuwechseln.

II. Abbruch- und Vorbereitungsarbeiten für Ausbesserung oder Erweiterung.

1. Bei Untersuchung der Bauwerke darf nicht außer acht gelassen werden, daß Bauschutt, wie er sich auf Gewölben und im Erdreiche umher vorfindet, wichtige Aufschlüsse geben kann; er werde daher bei den Aufräumungsarbeiten sorgfältig

durchsucht. Fundstücke sollten, soweit sie nicht wieder verwendet werden, unter Mitwirkung des amtlich bestellten Denkmalpflegers (Provinzialkonservators) aufbewahrt werden. Stößt man bei Aufgrabungen auf Grundmauern und sonstige Reste älterer Bauten, so empfiehlt es sich, sie zeichnerisch und photographisch aufzunehmen und vor dem Ab-

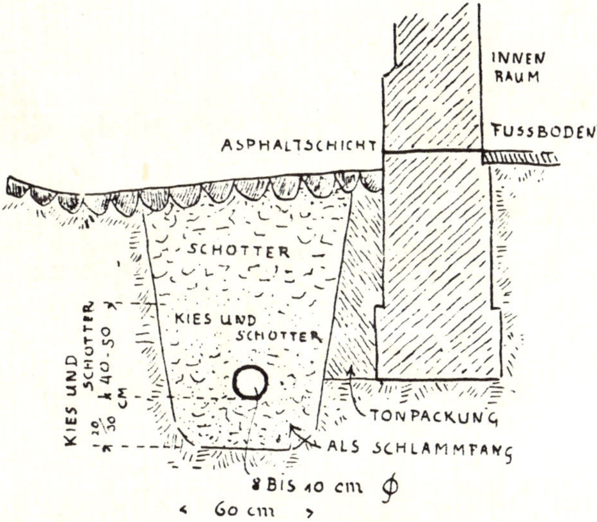

Zwischen Strebepfeilern Stichdräns mit 8 cm Durchmesser, vor den Strebepfeilern Sammeldräns 10 cm Durchmesser, die schließlich in geschlossenen Rohrsträngen von 20 cm Durchmesser vereinigt und dem Vorflutgraben zugeführt werden. Längsgefälle 1 : 100. Auf dem Sickergraben Kopfsteinpflaster in Kies, allenfalls in ganz leichten Beton gesetzt und mit Kies verfüllt, mit Quergefälle vom Gebäude ab.

bruch den Provinzialkonservator zu verständigen. Dieser erhalte auch die Aufnahmen für das Denkmälerarchiv der Provinz.

Sind Mauern durch Risse und Versackungen gefährdet, so ist den Ursachen nachzuspüren, besonders nach den drei Richtungen:

a) sind die Fundamente fest, ausreichend breit und frostfrei tief,

b) ist der Baugrund tragfähig, ist er von vornherein schlecht gewesen oder durch Grundwassersenkung verändert,

c) üben Gewölbe oder Dachstuhl unausgeglichenen Schub aus.

3. Feuchtigkeit in den Innenräumen wird häufig nur eine Folge mangelhafter Durchlüftung sein; in diesem Falle kann durch reichlich bemessene Lüftungsklappen in den Fenstern mit Gegenzug und durch schlichte Holzgattertüren Abhilfe geschaffen werden; nach Form und Farbe sind sie in die Architektur des Raumes einzubeziehen. Natürlich muß für regelmäßige Bedienung dieser Lüftungsvorrichtungen gesorgt werden; Vorsicht ist bei Wettersturz geboten, besonders im Frühjahre. Denn dicke Mauern erwärmen sich langsamer als die umgebende Luft und wirken daher als Kältespeicher, an dem der Wassergehalt der Luft sich niederschlägt.

Gegen aufsteigende Feuchtigkeit hilft im allgemeinen dauernd nur die Einführung einer wagerechten, durch die ganze Mauerstärke greifende Asphalt- oder Bleiplattenisolierschicht, wobei der

Sterngewölbe im „Neuen Lusthaus", Stuttgart (erbaut 1575-1593); abgerissen 1846).

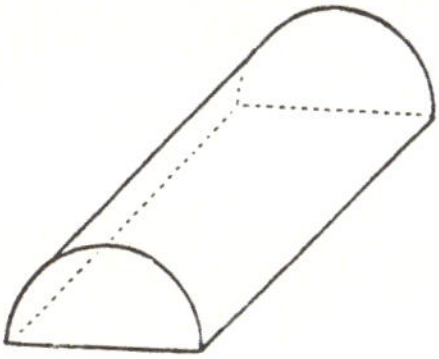

Tonnengewölbe.

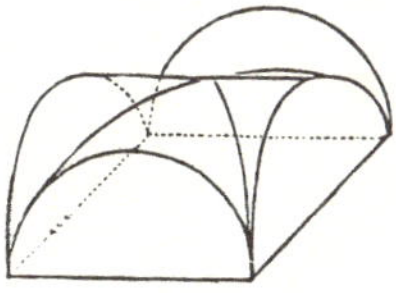

Kreuzgewölbe.

Klostergewölbe.

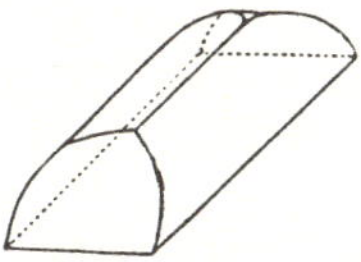

Muldengewölbe.

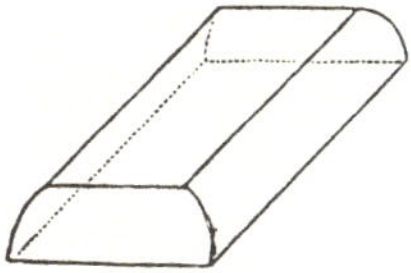

Spiegelgewölbe.

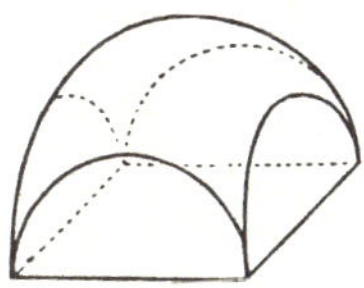

Hängekuppel.

Chor des Ulmer Münsters (vollendet 1449).

erforderliche Arbeitsraum stückweise ausgestemmt oder ausgesägt wird. Eine kräftig betriebene Heizung (mit Ausnahme von Gasheizung) kann im Verein mit sachgemäßer Lüftung zur Austrocknung eines durchfeuchteten Baues wesentlich beitragen.

Seitlich andrängendes oder anspritzendes Tagewasser wird, falls Vorflut vorhanden ist, durch einen Schottergraben mit Dränage abgeleitet, wie sie in der Skizze auf Seite 9 dargestellt ist. Auch auf der Innenseite der Fundamente kann im Notfalle ein Dränrohrzug verlegt werden. Das Traufpflaster bestehe aus natürlichen Steinen oder Klinkern in Kiesbettung.

4. Allgemein gelte der Grundsatz, zunächst die den Bestand des Gebäudes bedrohenden Schäden und die Feuchtigkeit zu beseitigen, ehe an eine weitere Instandsetzung des Inneren, oder gar an die Ausmalung gedacht werden kann.

Risse verdienen besondere Überlegung; oft sind sie in Wänden Jahrhunderte alt und wirken wie die Gelenke großer eiserner Bogenbrücken: es kommen daher wohl kleine Schwankungen vor, jedoch selten Verbreiterungen der Risse. In Gewölben können sie bedenklicher sein. Neuere Risse in Gebäuden, die sich infolge von Gleichgewichtsverschiebungen, wie Fundamentsackung, Bogenschub, bilden und stetig wachsen, sind gefahrdrohend und müssen ausgeheilt werden, nicht durch Verschmieren mit Mörtel, sondern durch organisches Abfangen der zerstörenden Kräfte. Hier muß stets ein erfahrener Bautechniker zugezogen werden.

5. Wieder zu verwendende Architekturteile und Ausstattungsstücke, wie Altäre, Kanzeln, Gestühl, welche zeitweilig abgebrochen werden müssen, sind nicht einfach gegeneinander gelehnt aufzustapeln, sondern sorgfältig wie gute Möbel in Papier, Stroh oder sonstige die Maserung und Farbe nicht verletzende Schutzmittel verpackt, in einem gegen Feuchtigkeit und andere zerstörende Einflüsse gesicherten Raume aufzubewahren. Vor dem Abbruche sind von allen diesen Stücken sorgfältige Maßskizzen im Maßstabe von mindestens 1 : 20 anzufertigen.

Nach auswärts werden schadhafte Ausstattungsstücke nur unter Leitung Sachverständiger zu versenden sein.

III. Maurer- und Steinmetzarbeiten.

1. Zement sollte als Bestandteil des Mörtels an sichtbaren Stellen wegen seiner Treibkraft und weil er die Ausdünstung des Mauerwerks unterbindet, auch seiner Farbe wegen im allgemeinen vermieden werden. Er ist oft durch hydraulischen Kalk oder Traß als Zusatz zum Weißkalkmörtel zu ersetzen. Besonders gefährlich ist die Ausfugung alten Mauerwerks mit Zementmörtel.

2. Zu gutem Putz gehört reiner scharfer Sand und lange eingesumpfter Weißkalk oder sorgfältig gelöschter hydraulischer Kalk, der auch gemahlen und unmittelbar verwendbar im Handel erhältlich ist. Soll altes Mauerwerk neu verputzt oder verfugt

werden, so müssen zunächst die Fugen mit Meißel und Schlägel, nicht mit dem Maurerhammer, reichlich tief geöffnet und die Steine so gründlich angefeuchtet werden, daß der Mörtel vor dem Abbinden nicht austrocknen kann. Außenputz sollte nicht allzu glatt, aber ungekünstelt hergestellt werden. Die Kelle ist daher für ebene Flächen dem Reibebrette vorzuziehen.

3. Oft der schönste Schmuck und vielfach auch Schutz aller Bauten ist die Patina ihrer Oberfläche; ohne zwingende Gründe sollte sie nicht durch Abwaschen oder Abreiben zerstört werden; Abarbeiten ist stets verwerflich; Ablaugen kann nur bei Beseitigung dicker Schmutzkrusten in Frage kommen.

4. Zu allen Ausbesserungen werde, wenn nicht besondere Gründe vorliegen, der ursprüngliche Werkstoff, und zwar in der alten Technik der Oberflächenbehandlung verwendet. Die Beschaffung dieser Baustoffe erfordert im allgemeinen außergewöhnlich viel Zeit und gründliche Vorstudien. Denkmalsarbeiten sollten daher nie überstürzt werden.

5. Werksteinvierungen werden nur bei größeren Schäden angewendet; über Fugen dürfen sie nicht hinübergreifen. Gekünstelte Behandlung der Oberfläche ist zu vermeiden.

6. Für Fußbodenbelag kommen in erster Linie Natursteinplatten und derbe, gut gebrannte Ziegelfliesen in Betracht. Die jetzt marktgängigen glatten Fliesen, und besonders die bunt gemusterten, passen

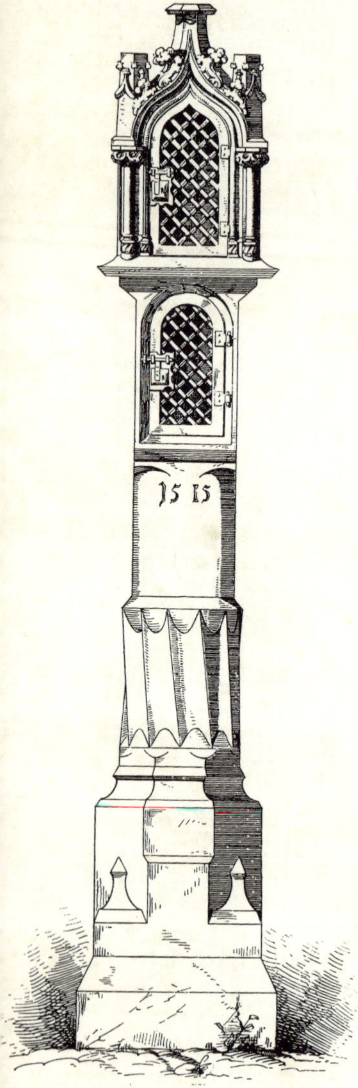

Gotischer Bildstock aus Lauda.

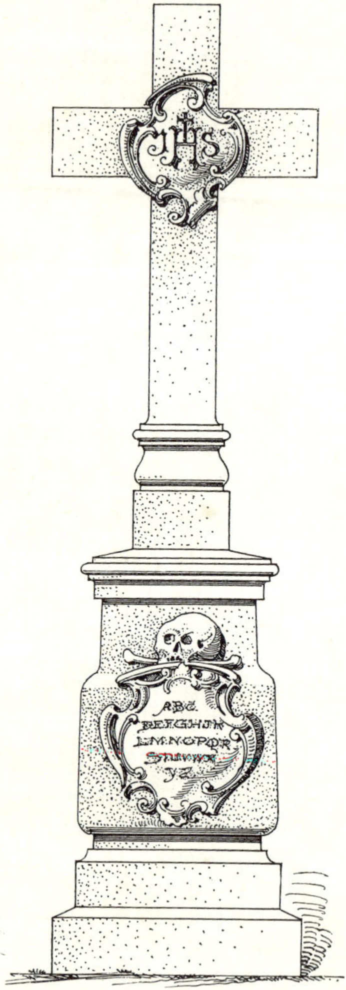

Friedhofskreuz, Wegkreuz.

Grabstein (nach 1114).

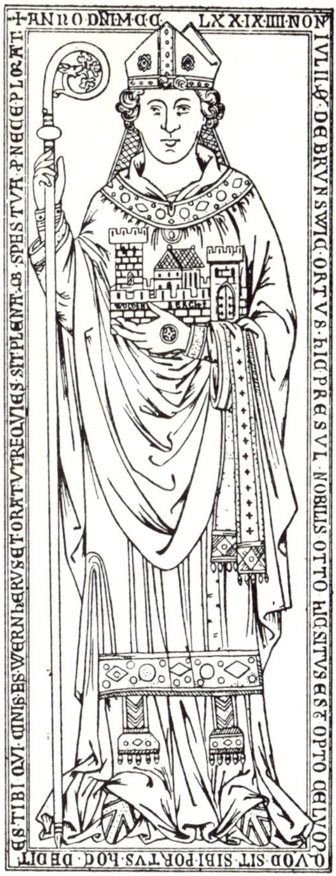

Grabstein (nach 1279).

nicht zu der meist derben Formengebung und Oberflächenbehandlung alter Räume. Oft werden gute Ziegel in einfachen Mustern, auf Sand oder Mörtelbettung verlegt, ausreichen. Für letzteren Fall ist kräftige Gestaltung der Fugen zu erstreben. Kalkmörtel bindet in feuchtem Fußboden nicht gut ab, in diesem Falle ist Marmorzement oder sogenannter Estrichgips zu empfehlen.

7. Anschlüsse an Mauern, Dächer, Fußböden und Rohrleitungen u. a. erfordern sorgfältige und saubere Herstellung nach künstlerischen Gesichtspunkten.

8. Die Aufstellung steinerner Grabdenkmäler erfolge im allgemeinen zwanglos, also nicht ohne weiteres im Anschluß an die vorhandenen Achsen, sondern nach künstlerischen Grundsätzen. Handelt es sich um Unterbringung mehrerer Platten, so ist deren Verteilung zunächst zeichnerisch festzulegen. Auf beiden Seiten ausgestaltete Grabsteine mögen auch im Innern der Kirchen an geeigneten Stellen frei aufgestellt werden.

Um Spritzwasser fernzuhalten, sind Grabsteine in mindestens 30 cm Höhe über dem Gelände aufzustellen, und zwar auf einem in frostfreie Tiefe reichenden, über der Erdgleiche aus Werkstein bestehenden Sockel, oder auf etwa vorhandenem Mauerabsatze. Der Sockel selbst ist in der Regel nicht architektonisch auszubilden. Vielfach empfiehlt es sich, ihn vorn und seitwärts um 2 bis 3 cm gegen die Fläche des Grabsteins zurücktreten zu lassen.

Eisenklammern sind stark zu verzinnen oder zu vergolden und entweder vorsichtig seitlich in den Stein einzulassen oder aber geschmackvoll auszuschmieden. Sind Mittel vorhanden, so verdienen Bronzeklammern den Vorzug.

Wo angängig, sichere man die im Freien stehenden Denkmäler gegen Regen und Traufwasser durch Aufstellen in einer Nische oder durch ein Schutzdächlein oder etwa durch ein teilweise heruntergeschlepptes Dach. — Sind Denkmäler im Innern von Gebäuden aufzustellen, so geschehe dies möglichst an ausreichend beleuchteten Stellen und in einer dem Auge erreichbaren Höhe, wo die Schrift bequem gelesen werden kann. Eine mäßige Erhebung über dem Fußboden ist auch hier am Platze, nicht nur, um die Bildnisse der Verstorbenen in eine zum Betrachten geeignete Höhenlage zu bringen, sondern auch, um die untere Kante vor Scheuerbesen und Fußtritten zu schützen. Zudem hat die Erfahrung gezeigt, daß Fußböden sich mählich aufhöhen.

Natürlich dürfen Grabsteine nicht durch vorgesetzte Bänke und Heizkörper verdeckt werden. Wo solche Gefahr vorliegt, mögen sie entsprechend gehoben oder verschoben werden. Aber auch zur Verdeckung von Heizröhren eignen sie sich nicht, weil Gestein durch Hitze leicht zermürbt.

Der Raumersparnis wegen können Grabsteine im Innern derart in das Mauerwerk versenkt werden, daß sie nur wenige Zentimeter vortreten. Alle vom Mauerwerk berührten Flächen der Grabsteine sind durch Gudronanstrich gegen Feuchtigkeit zu isolieren. Im Innern von Gebäuden ist dies nur dann erforderlich, wenn die Mauern keine Isolierung besitzen.

Eine Ausbesserung der Schäden der Steine selbst ist möglichst zu vermeiden. Bei Epitaphien mögen die fortgebrochenen durchgehenden Hauptlinien durch Vierungen ergänzt werden; sie sind dann tunlichst schwalbenschwanzförmig einzusetzen. Glaubt man ohne Ausbesserung nicht auskommen zu können, so hat sie in bescheidener Weise, in gleichfarbigem und gleichkörnigem Werkstoffe zu erfolgen, nachdem zuvor zur Festlegung des Tatbestandes eine photographische Aufnahme vorgenommen und die Ergänzung fehlender figürlicher Teile oder reicherer Ornamentik durch ein Modell klargelegt ist. Ein Neuanstrich oder eine Überarbeitung ist in der Regel zu vermeiden.

Unter allen Umständen ist eine Säuberung von Mörtel und von der etwa später aufgestrichenen Tünche vorzunehmen. Zur Beseitigung von Ölfarbenanstrich hat sich besonders Seifensiederlauge, auch grüne Seife, die längere Zeit naß auf dem Stein aufgetragen ist, bewährt. Salzsäure und die Verwendung eiserner Drahtbürsten und scharfer Eisen sind unter allen Umständen auszuschließen. Ursprüngliche Farbreste und ehemalige Vergoldung sind sorgfältig zu schonen, ebenso schwache Bemoosung, wofern sie nicht gerade den Stein zerstört und zu einer erdigen Kruste angewachsen ist.

IV. Dachdeckungen.

1. Das Dach gehört zum Organismus des Hauses. Gebäude ohne Dach sind krank und schutzlos gegen Verfall. Flache Bretternotdächer aus geldarmer Zeit des 19. Jahrhunderts erfordern unmäßige Ausbesserungen; wenn das Gebäude dauernd erhalten werden soll, wird eine mehr monumentale Dachform notwendig.

Papp- und Holzzementdächer sind für Bauten mit Denkmalwert abzulehnen.

2. Die in den einzelnen Provinzen landesübliche Eindeckungsart verdient den Vorzug vor neu erfundenen wie Falzziegeln, Zementsteinen oder weit herbeigeholten Werkstoffen. Zum Verstrich der Dachziegel hat sich Haarkalkmörtel aufs beste bewährt; guter Mörtel ist hierfür Voraussetzung.

3. Oft finden sich Reste der ursprünglichen monumentalen Bedachung neben kleineren und dünneren Formaten der Spätzeit. Diese verursachen häufige Ausbesserungen und sind daher möglichst zugunsten der älteren, schwereren Dachhaut zu beseitigen.

4. Kehlen des Mönch-Nonnendaches werden durch zwei Nonnenreihen gebildet, die durch einen Grat von Mönchen getrennt werden. Umgekehrt werden Grate zusammengesetzt.

5. Mit Biberschwänzen wird entweder als Doppeldach oder Kronendach eingedeckt; dem

Verschiedene Dachformen

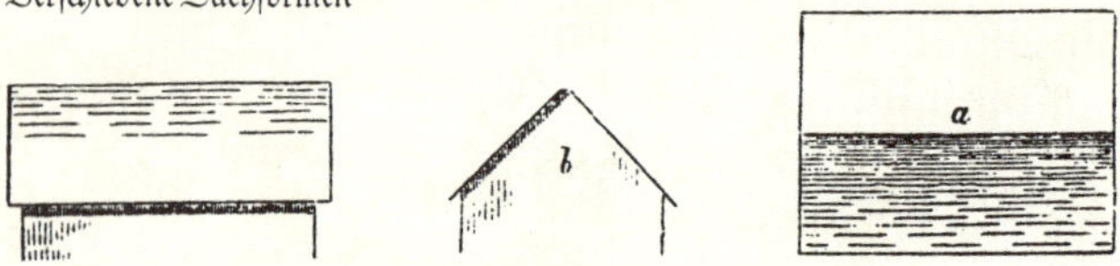

Satteldach

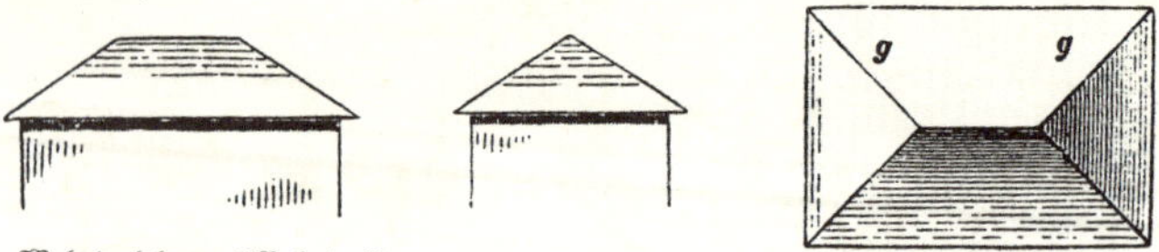

Walmdach (ganzes Walmdach)

Knüppel-Walmdach (halbes Walmdach)

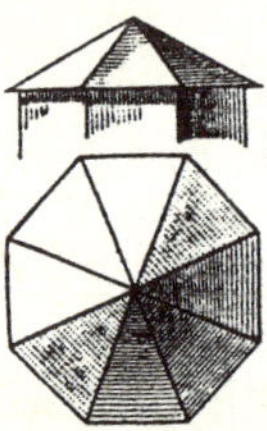

Zeltdach

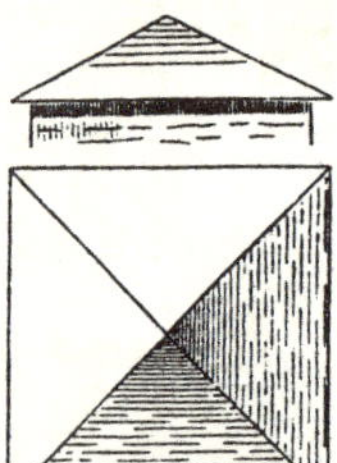

Zeltdach

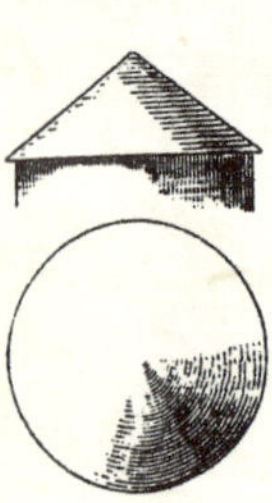

Kegeldach

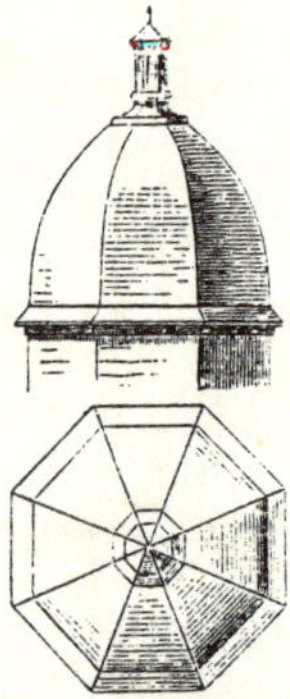

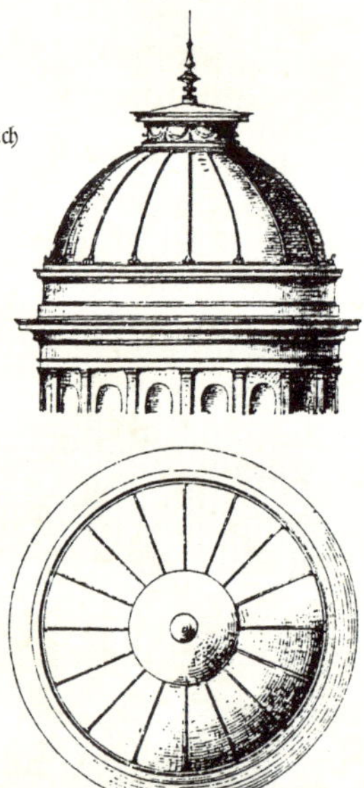

Kuppeldächer

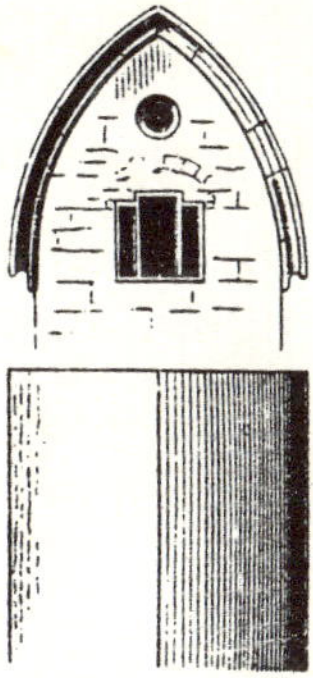

Bohlen- oder
Tonnendach

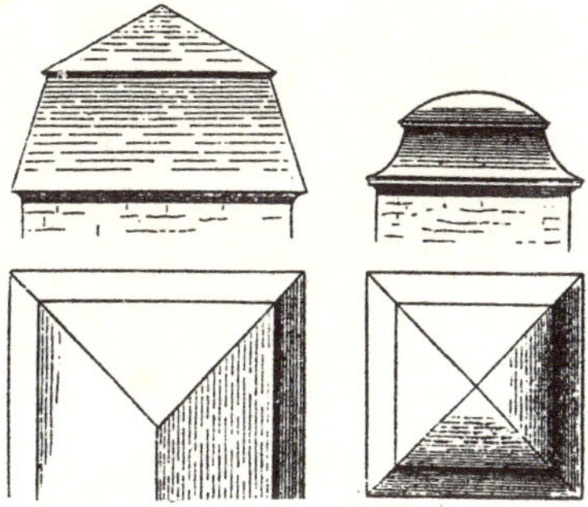

Mansardendächer

Sheddach (Sägedach)

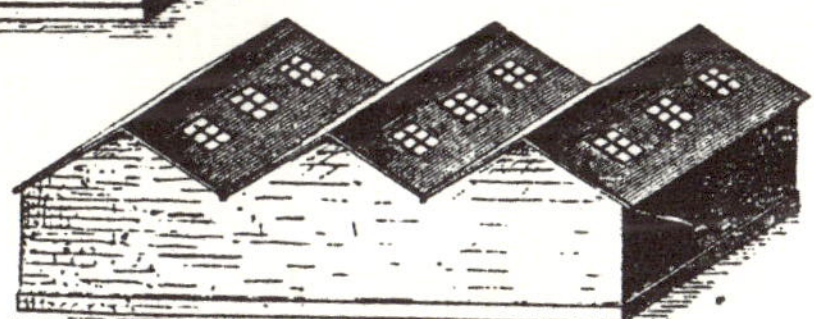

Zusammengesetzte Satteldächer

Glocken-, Zwiebel-
und Kaiserdächer

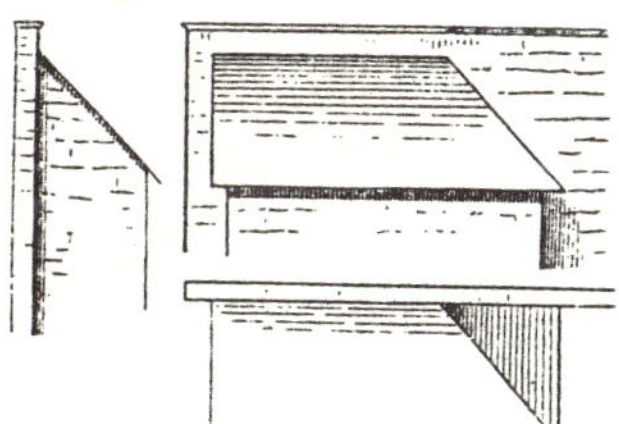

Pultdächer (halbe Satteldächer)
(dieselben können Giebel haben oder abgewalmt sein)

Doppeldach eignet der Vorzug, daß die dichter gelagerten Latten sich weniger leicht durchbiegen, und daß es das sturmsicherste Ziegeldach ist. Kehlen, auch die neben Dachluken, werden mit Dachsteinen ausgerundet. Hinreichend stumpfe Grate, wie sie z. B. an Chorschlüssen vorkommen, können auch ohne Gratsteine in durchlaufend gewölbter Fläche eingedeckt werden. Metallkehlen werden bei Ziegel- und Schieferndächern am besten vermieden.

6. Für Schieferdächer kommt fast nur die deutsche Deckung in Betracht, natürlich in bestem Werkstoffe. Die Orte müssen unbedingt eingebunden werden. Bleiüberdeckung ist in der Regel zu vermeiden. Pappunterlage zwischen Schalung und Schiefer ist höchstens dort zulässig, wo für gründliche dauernde Lüftung des Dachraumes gesorgt ist. — Für kleinere Dachkörper, Hauben und Spitzen sollten behufs Wahrung des Maßstabes auch kleinere Schieferstücke verwendet werden. Die Platten in Traufhöhe sind nicht übergroß zu wählen.

7. Bei Kupferdeckung sollten die Bahnen in der Richtung des abströmenden Wassers verlaufen. Wichtig ist die Wahl der zum Maßstabe des Gebäudes passenden Tafelgröße. Die im Handel erhältlichen Platten von 1,00 zu 2,00 m Abmessung werden vielfach zu groß sein und die Dachflächen kleiner erscheinen lassen als sie sind; es empfiehlt sich dann, sie etwa in drei Teile von je 0,66 zu 1,00 m Größe zu zerschneiden.

8. Walzblei hat sich nach den Erfahrungen in

Deutschland nicht bewährt, besser Gußblei[1]). Die nachgiebige und weiche Bleideckung schmiegt sich vollkommen ihrer Unterlage an; sie verlangt daher eine besonders starke und genau der beabsichtigten Form entsprechend bearbeitete Schalung. Blei darf weder mit Zementmörtel noch mit Eichenholz in Berührung gebracht werden, dessen Gerbsäuregehalt zerstörend wirkt.

9. Wo Stroh- und Schindeldächer vorhanden sind, werden sie zur Wahrung heimischer Überlieferung nach Möglichkeit beizubehalten sein.

10. Besonderer Wert ist auf Ausbildung von Anschlüssen der Dachhaut an überragende Wandflächen und Dachluken sowie auf die Gestalt der Traufen zu legen. In der Art, die Übergänge sachgemäß und zugleich schmiegsam und lebendig zu formen, hat die Vergangenheit Vorbildliches geschaffen. Vor allen Dingen sollen Metallstreifen bei Steindeckung zur Herstellung der Anschlüsse, wenn möglich, vermieden werden. Zumeist genügt leichtes Anheben der Deckung, die in eine tiefe, mit Haarkalkmörtel verstrichene Nut oder unter ein vorgestrecktes Schutzgesims eingelassen wird.

Die oft unvermeidlichen Aussteigeöffnungen sollten so eng in die Dachdeckung eingebettet werden, daß die Struktur der Dachfläche möglichst wenig unterbrochen wird.

---

[1]) Es kann z. B. aus den Bleiwerken von Leyendecker & Co. in Ehrenfeld bei Köln am Rhein bezogen werden.

V. Klempnerarbeiten.

1. Zink kommt für Denkmalbauten als unzuverlässiger Werkstoff überhaupt nicht in Betracht.

2. Regenrinnen und Abfallrohre sind in Straßenzügen größerer Städte zurzeit wohl meist unvermeidlich. Sie sind auch ein gutes Mittel zur Trockenhaltung der Außenmauern, falls sie wirklich sachgemäß gestaltet und peinlich sorgfältig unterhalten werden. Bei Kirchen, besonders auf dem Lande und in kleineren Ortschaften, aber selbst auch in mittleren Städten, wird auf diese Pflege nicht sicher zu rechnen sein. Durch Vereisung und Leckwerden, durch Verstopfung mit verwehtem Laub und toten Vögeln kann dann eine Rinnen- und Abfallrohranlage verheerend wirken. Zweckmäßiger ist es, Wassermassen gar nicht erst zu sammeln, sondern frei von weit überstehender Dachtraufe abtropfen zu lassen und durch abgewässertes Pflaster mit starkem Quergefälle und reichlicher Kiesüberschüttung abzuführen. Unvermeidlich sind Rinnen meist nur bei Eingängen, die unter einer Traufe liegen und bei tiefen Kehlen, Wassersäcken, wie sie zwischen Türmen und Dächern und zwischen Paralleldächern entstehen. Hier werden nach altbewährter Art weit ausladende Speier am Platze sein, die das Wasser in ausreichende Pflasterrinnen oder Gullys entsenden.

3. Wo Abfallrohre unvermeidlich sind, ist ihre Führung Aufgabe des Architekten, nicht des Klempners. Sie sollten in der Regel ungebrochen-

lotrecht frei vor die Wand gehängt und ohne Knickung um Gesimse fortgeführt werden. Doppelt gefälzte Nähte dürfen der Wand zugekehrt werden, nicht Lötnähte.

4. Kann von Traufrinnen nicht abgesehen werden, so sind sie am besten frei vorzuhängen. Jedenfalls sind verwickelte Rinnenformen auszuschließen. Wenn möglich, ist dafür zu sorgen, daß die Rinnen von Dachluken aus gereinigt werden können. Wo größere Wassermengen zusammenströmen, empfiehlt sich die Anordnung von Rinnentöpfen, wie sie früher oft in reizvoller Weise gestaltet worden sind.

5. Im Innern geheizter Kirchen wird das Schweißwasser der Fensterflächen zweckmäßig in breiten kupfernen Rinnen aufgefangen, in denen es verdunstet; nach außen darf es nicht abgeleitet werden, da die Ausflußöffnungen sich leicht verstopfen.

VI. Schmiedearbeiten

sind kostspielig und sollten nur dann angewendet werden, wenn wirklich reichliche Geldmittel verfügbar sind. Gegen Ersatz von Schmiedearbeiten durch gute Schlosserarbeit und Metallguß ist nichts einzuwenden; einfache käufliche Türdrücker aus Messing, Rotguß oder Bronze sind z. B. besser als fabrikmäßig hergestellte sogenannte kunstgeschmiedete Drücker.

Jac. Zipper. a Augsburg.

Schmiede-/Schlosser-Arbeiten (Ende des 18. Jahrhunderts).

Jacob Zipper à Augsburg.

Schmiede-/Schlosser-Arbeiten (Ende des 18. Jahrhunderts).

VII. Heizung, Beleuchtung, Blitzableiter.

1. Heizung[1]). Die Form der Schornsteine und ihre Lage in der Dachfläche ist nicht ohne Bedeutung für die Architektur. Die Technik der Alten, die Rohre im Dache fast nach Belieben zu vereinigen und zu ziehen, verdient wieder Beachtung, zumal die technischen Schwierigkeiten in unserer Zeit des Eisens und Betons geringer geworden sind. Können die Rauchrohre nicht in Nähe des Firstes herausgeführt werden, so läßt sich wohl die allzulange und dünne Erscheinung durch Anordnung eines kräftigen Unterteils annehmbarer machen; bisweilen kann ein Bekleiden mit Schiefer oder Dachziegeln vorteilhaft sein. Neuerdings haben sich auch in solchem Falle zur Verbesserung des Ziehens die sogenannten „selbstsaugenden Essensteine" (Patent Jahn) als vorteilhaft erwiesen.

Bei Einbau von Kirchenheizungen müssen Architekt und Heizingenieur zusammen arbeiten. Jedenfalls wird den Ausschlag in allen Fragen der Architektur stets der erstere zu geben haben. — Läßt sich die Heizkammer in einem Nachbarhause, bei Kirchen etwa im Pfarr- oder Schulhause unterbringen, so ist schon eine große Schwierigkeit überwunden. Ist dies nicht angängig, und ist auch im Gebäude selbst kein geeigneter Raum vorhanden, so kommt die Unterkellerung eines Nebenhauses,

[1]) Vgl.: Uber, Kirchenheizungen. Berlin 1906. Ernst & Sohn.

eines Joches oder ein Anbau in Betracht. Ein solcher sollte entweder ganz unter Erdgleiche verschwinden, oder bei einer Traufhöhe von mindestens drei Metern dem Gebäude so angegliedert werden, daß er sich bescheiden unterordnet, aber sich auch als notwendiger Bestandteil des Ganzen behaupten kann. Ein gut gebildetes Dach ist auch hier Grundbedingung. Ausnahmsweise mag auch die Anlage eines ummauerten, die Anlage verdeckenden Höfchens zum Ziele führen.

Die Lösung der Heizungsanlage im Innern kann als befriedigend angesehen werden, wenn sie fern von wertvollen Einbauten aus Holz liegt und nicht störend in die Erscheinung tritt. Am einfachsten läßt sich dies bei Luftheizung erreichen. Bei Heizungen mit Rohrleitungen kann es wohl durch verdeckte Anlage, Verlegung der Rohre in Fußbodenkanälen und Aufstellung der Heizkörper hinter Ausstattungsstücken, namentlich hinter Gestühl, erzielt werden. Sichtbar anzuordnende Heizkörper verlangen besonders sorgfältige Planung und Ausführung. Hierbei sind im allgemeinen Radiatoren als leichter reinigungsfähig den Rippenrohren vorzuziehen, auch wenn sie verdeckt stehen oder verkleidet werden. Der heutige glatte Radiator kann wohl auch ohne Verkleidung unbedenklich in Nischen oder frei vor den Wänden gezeigt werden. Müssen Leitungen frei verlegt werden, so bedarf es zur Beurteilung der architektonischen Wirkung der Anlage maßstäblicher Eintragung in die vom Architekten zu liefernden Zeichnungen, da die üblichen von den Heizfirmen angefertigten Zeichnungen nur eine schematische Darstellung für die technische Leistung bedeuten.

Alle sichtbaren Leitungen sollten möglichst sorgfältig ohne willkürliche Knicke und Biegungen und an sauber eingestemmten Stellen verlegt werden. Behufs Sauberhaltung des Raumes müssen sie in einem Abstande von mindestens sechs Zentimetern von der Wand verlegt werden.

2. Beleuchtung. Was von den Heizungsrohren gesagt wurde, gilt auch für Gas- und elektrische Leitungen. Unter Umständen kommt Verlegung auf den Dachboden in Betracht. Elektrische Beleuchtung ist allen anderen dadurch überlegen, daß die Drähte ohne Schwierigkeit unter Putz verlegt werden können, und daß sie am schmiegsamsten ist.

Bei Einführung elektrischer Beleuchtung sollte von der Umarbeitung vorhandener alter Beleuchtungskörper abgesehen werden, diese sollten vielmehr nur bei besonderen Gelegenheiten für Kerzenbeleuchtung weiter benutzt werden.

3. Blitzableitungen werden möglichst nicht frei über dem First, sondern seitlich daneben verlegt. An Stelle der teueren Auffangestangen genügen die zugespitzten, 10 bis 20 cm hoch aufgebogenen Leitungsenden. Die Erdleitungen sollen entweder senkrecht oder wichtigen Architekturlinien folgend an sauber eingestemmten Schellen frei vor den Mauern verlegt werden. Wo kupferne Rinnen und Abfallrohre vorhanden sind, können letztere als Erdleitung benutzt werden.

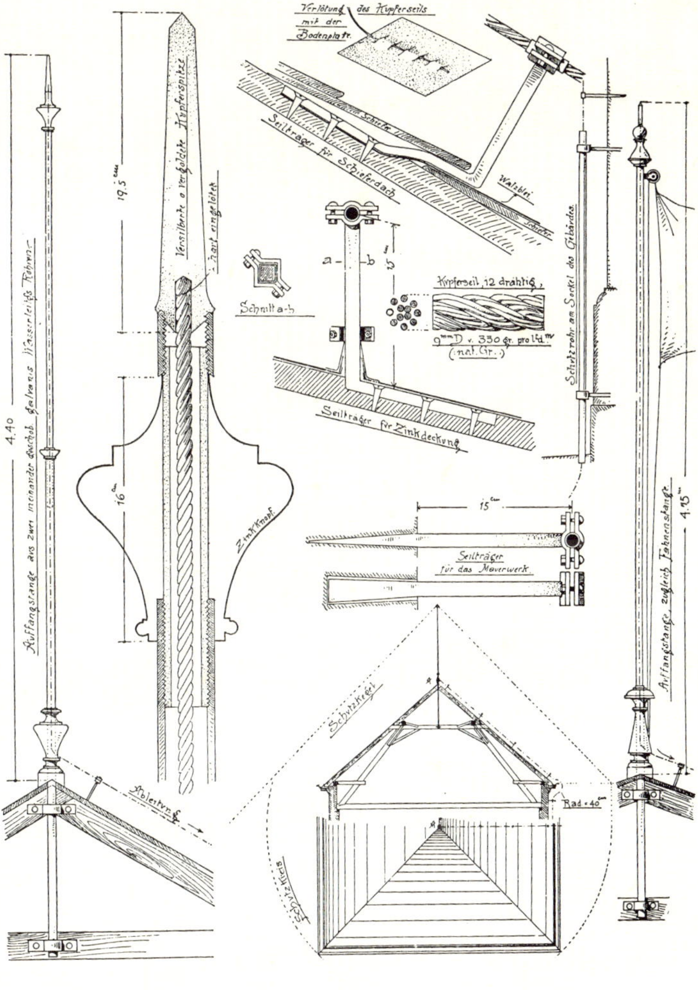

Blitzableiter aus der Zeit um 1900

Glasmalereien

Aus dem Dom zu Halberstadt.

Fenster vom Anfange des 16. Jahrhunderts (Berliner Kunstgewerbe-Museum).

Aus der früheren Klosterkirche zu Nordhausen b. Kassel.

Aus der Stadtkirche zu Hersfeld.

VIII. Glaserarbeiten.

Die Wiederherstellung alter Glasgemälde darf nur Künstlern anvertraut werden, die reiche Erfahrung auf diesem Gebiet haben; sie fehlt der Mehrzahl der sich hierfür anbietenden Geschäfte. Wenn möglich, geschehe das Ausbessern der Verbleiung an Ort und Stelle. Sogenanntes Kathedralglas eignet sich nicht für Denkmalbauten; besser ist halbweißes Glas. Reichen jedoch die Geldmittel, so sollte das nicht viel teuere und gediegenere Antikglas entweder mit halbweißem Glas gemischt, oder allein verwendet werden. Von der Beschaffung neuer Glasgemälde wird oft dringend abgeraten werden müssen, besonders, wenn sie mit alten Glasfenstern oder mit Wandmalerei in Wettbewerb treten. Die einfachste klare Verglasung zwischen Holzsprossen oder in kräftiger Bleiteilung nach ganz schlichten Mustern ist meist vorzuziehen. Alte Gläser mit verwitterter Oberfläche sind sorgfältig zur Wiederverwendung zu sammeln.

Ohne zwingende Gründe dürfen Holzfenster nicht durch eiserne oder solche mit Steinpfosten ersetzt werden. Es ist ein weit verbreiteter Irrtum, daß eiserne Fenster billiger seien als hölzerne. Bei Erneuerung von Holzfenstern schließe man sich in Holzstärken und Profilierung den alten Vorbildern an. Von den verschiedenen Arten von Lüftungsklappen und Fenstern bewähren sich die in senkrechter Lage parallel nach außen verschiebbaren.

IX. Arbeiten der inneren Ausstattung durch Tischler, Bildhauer und Maler.

1. Grundbedingung für Beginn dieser Arbeiten ist völlige Trockenheit des Gebäudes.

2. Weitgehende Wiederherstellung alter Ausstattungsstücke hat häufig zur Vernichtung nicht nur ihres Altertumswertes, sondern auch ihres Kunstwertes geführt. Deshalb sind Instandsetzungsarbeiten nur geschickten Händen anzuvertrauen, also Tischlern, Bildhauern und Malern, die sich auf diesem schwierigen Gebiete bereits bewährt haben (vgl. z. B. die Preußische Zirkularverfügung vom 19. August 1837 bei Lezius, Recht der Denkmalpflege in Preußen S. 97). Vielfach eignen sich, wie lange Erfahrung gelehrt hat, Maler, die sich mit der Ausmalung von Räumen befassen, nicht auch für die Instandsetzung alter Einzeldenkmäler.

3. Kirchtüren brauchen nicht allgemein nach außen aufzuschlagen, namentlich nicht, wenn die Portalgewände infolge dieser Anordnung abgeändert werden müßten; vgl. den Preußischen Runderlaß vom 4. Februar 1903 (Zentralblatt der Bauverwaltung 1903, S. 93).

4. Können Ausstattungsstücke, wie Altäre, Epitaphien, Grabsteine, Gestühl, Bildwerke, nicht an alter Stelle belassen werden, so ist ihre Wiederaufstellung und gegebenenfalls die Neuverteilung im Raume zeichnerisch in größerem Maßstabe zu planen. Altes wertvolles Gestühl läßt sich durch Umbau der oft unbequemen Rücklehnen dem neu-

Dekorative Malerei der Renaissance
aus dem Schloß Trausnitz bei Landshut.

Deckenmalerei der Michaelskirche in Hildesheim.

zeitlichen Bedürfnis in der Regel ohne Schädigung seiner Wirkung gut anpassen. — Über die Aufbewahrung während der Bauzeit siehe Abschnitt II, 5.

5. Holzwerk, das von der Bohrkäferlarve zerfressen ist, läßt sich durch Einspritzung von Benzin im Gemenge mit Kienöl oder mit Harz und venetianischem Terpentin zu steinharter Masse gestalten. Tierischer Leim dringt in der Regel nicht tief genug ein. Die Mittel sind je nach den Umständen verschieden; ihre Anwendung erfordert die Zuziehung erfahrener Sachverständiger.

6. Wo alte Wandmalereien vermutet werden, ist ihre Aufdeckung nur dann anzustreben, wenn dafür und für ihre Wiederherstellung ausreichende Geldmittel und eine erfahrene künstlerische Persönlichkeit gesichert sind. Das Nachziehen von Umrissen wie auch Übermalung ist möglichst zu verhindern, ebenso Übertünchung von Holzschnitzwerken und anderen Denkmälern und Denkmälerresten (Preußische Zirkularverfügung vom 17. März 1854, bei Lezius S. 120).

7. Für Anstrich oder Bemalung von Steinwänden ist Ölfarbe zu vermeiden (vgl. den Preußischen Runderlaß vom 23. März 1895, Lezius S. 122). Der Malgrund ist am besten unter Aufsicht des Künstlers herzustellen. Für die Erhaltung von Anstrich und Farbe ist die Anlage und gewissenhafte Bedienung von Fensterlüftungsklappen und Lattentüren notwendige Vorbedingung.

Damit farb- und formenreiche alte Ausstattungsstücke zu klarer Wirkung gelangen, ist häufig schlichte, ornamentlose Tönung der Wände erwünscht. Mindestens auf den unteren Wandflächen, wo Anstrich durch die Gewänder der Kirchgänger leicht beschädigt oder sonst durch Wandfeuchtigkeit unansehnlich wird, darf er nicht pastos, sondern muß lasierend gehalten werden. Besondere Zurückhaltung im Anstrich ist auch dort am Platze, wo Denkmäler verschiedener Haltung oder verschiedener Zeitläufte nebeneinander zu stehen kommen.

Um nicht gegen den Altbestand abzufallen, ist Ornament in der Regel freihändig, ohne Schablonen, aufzusetzen. Auch bei reicherer Ausmalung ist Beschränkung auf wenige Farben erwünscht.

X. Verschiedenes.

1. Gesprungene ältere Glocken können vollkommen ausgeheilt werden (vgl. Zeitschrift „Die Denkmalpflege" 1903, S. 87). Und wenn wirklich der Ton eine kaum merkliche Änderung erleiden sollte, so ist das kein so großer Verlust als der Umguß einer geschichtlich und künstlerisch wertvollen Glocke. Besser ist dann wohl noch ihre Aufbewahrung an einer geeigneten Stelle im Kirchenraume oder in einer öffentlichen Sammlung. — Wo sich durch die beim Läuten schwerer Glocken erzeugten gewaltigen Fliehkräfte der Verband der Glockentürme lockert, ist Aufhängung mit Gegengewicht nach dem Köpckeschen Verfahren mit Erfolg verwendet worden.

2. Zur Erinnerung an umfangreiche Wiederherstellungsarbeiten mag eine Inschrifttafel angebracht werden. Sie muß an sich künstlerischen Wert haben. Solche Inschriften sollten gehaltvoll, d. h. weder ruhmredig, noch schwülstig, noch dürftig sein, und auch den Namen des Künstlers nicht verschweigen.

3. Zur Bedeckung und Belebung kahler oder durch unsachgemäße Wiederherstellung entstellter Außenflächen eignet sich Berankung mit Schlingpflanzen. Der immergrüne Efeu bietet auch guten Wetterschutz; nur muß verhütet werden, daß er Pfahlwurzeln in das Mauerwerk einsenkt. Sonst kommen als Selbstklimmer u. a. noch in Betracht Vitis und Ampelopsis Feitschii. Störende Blitzableiter und Fallrohre können mit Wistaria berankt werden. Die übrigen ausdauernden Kletterpflanzen verlangen meist Spalier. Man vergleiche die Technischen Grundsätze für die bauliche Unterhaltung von Ruinen auf Seite 30.

Genietete Glocke.

Ältere Form (ohne Schlagring).

Mit gotischem Rankenfries aus Ostfriesland.

Glocke von 1178 aus Jühnde.

Ruine Drachenfels.

II.

Grundsätze für die bauliche Unterhaltung von Ruinen im Königreich Preußen im Sinne der Denkmalpflege.

Die Fürsorge für die als Ruinen uns überkommenen alten Bauwerke muß sich in der Regel auf sorgfältige Erhaltung ihres gegenwärtigen Bestandes beschränken.

Jeder Stein eines alten Baudenkmals ist ein geschichtliches Dokument der Vergangenheit, welche zu lichten er allein oder im Zusammenhange mit seiner Umgebung berufen ist. Muß daher einerseits Wert auf die Erhaltung möglichst aller aus älterer Zeit vorhandenen Reste gelegt werden, so sollte ihnen andererseits auch ohne Not nichts hinzugefügt werden, am wenigsten, wenn dadurch der Originalbestand weiter verdunkelt oder gar zerstört werden würde; es ist also der Wiederaufbau nicht mehr vorhandener Teile tunlichst zu vermeiden.

Die Vornahme von Ausgrabungen zur Wiederherstellung des alten Gebäudes und sonstiger archäologischer Forschungen liegt im Interesse der

Holztür aus Salzwedel.

Denkmalpflege nur dann, wenn es sich um photographische und zeichnerische Darstellung einer zum Teil unter ihren Trümmern begrabenen Bauanlage handelt. Eine mit Grabungen verbundene Untersuchung durch archäologisch geschulte Fachleute ist unter der Voraussetzung zu fördern, daß der bauliche Zustand und namentlich die Wasserabführung dadurch nicht gefährdet und auch auf die Schonung der in den Ruinen häufig von der Zeit geschaffenen malerischen Werte und der botanisch wichtigen niederen und höheren Bestände die genügende Rücksicht genommen wird.

Der Inangriffnahme jeder Instandsetzungsarbeit hat gründliches Studium des Bauwerkes und seiner Einzelheiten voraufzugehen. Die Kostenanschläge müssen derart bemessen werden, daß auch bei dem häufig unvermeidlichen Auftreten unvorhergesehener Mehrarbeiten die Mittel zur gediegenen Durchführung der erforderlichen Arbeiten ausreichen. Als Leitende wie Ausführende sind nur Fachleute anzunehmen, die sich bereits bei Arbeiten dieser Art bewährt haben, d. h. solche, die neben hervorragender technischer Erfahrung auch über die Fähigkeit verfügen, sich liebevoll in den Geist der Bauanlage zu vertiefen und, wo Ausbesserungen nicht zu umgehen sind, unter Zurückstellung der eigenen Persönlichkeit nicht gegen den ursprünglichen Sinn zu schaffen. Sind genügende Geldmittel und entsprechende Kräfte nicht aufzutreiben, so ist das Unternehmen bis zur Lösung dieser Frage lieber zu vertagen.

Mittel zur Sicherung von Ruinen vor weiterem Verfalle sind im folgenden aufgeführt:

1. Die Natur der Dinge bringt es mit sich, daß die zu erhaltenden Mauern in den weitaus meisten Fällen Reste von Schlössern oder Burgen sind, die sich auf hoch gelegenen Punkten, über schroffen Hängen oder hohen Uferböschungen erheben. Häufig sind daher bereits vollendeter Einsturz oder weiterhin drohende Gefahren auf das Nachgeben, Abrutschen oder Abbröckeln, das Unterspültwerden des tragenden Grund und Bodens zurückzuführen. Dessen Sicherung ist deshalb die erste Sorge zuzuwenden. Je nach der Beschaffenheit des Geländes kommen Regulierung und Bepflanzung der Böschungen, Anlage von Futter- und Böschungsmauern, gegebenenfalls in Verbindung mit Uferbefestigungen, sowie planmäßige Sammlung und Ableitung etwa sich aufstauender Tagewässer in Frage.

2. Innerhalb der Ruinen sind Berichtigungen der Erdoberfläche und Bodenabtragungen nur insofern zulässig, als sie ebenfalls dazu dienen, das Regenwasser vom Fuße der Mauerreste fortzuleiten, schädliche Wirkungen des Spritzwassers zu verhindern und, soweit erforderlich, die ganze Ruine zu entwässern. Bei vielbesuchten Ruinen ist auch auf eine zweckmäßige Wegbarmachung zu sehen, welche die Besucher teils vor Gefahren schützt, teils sie von willkürlichem Umherklettern abhält.

3. Das Mauerwerk ist freizuhalten von Bäumchen und starkem Strauchwerk, welches imstande ist,

durch seine Pfahlwurzeln den Zusammenhalt der Steine zu lockern. Nur zur Verankung passender, in sich fester Mauerteile, besonders auch zur Verdeckung neuer Flächen, sind Efeu, Waldrebe, Ampelopsis Feitschii und andere Schlinggewächse anzupflanzen. Bildet sich beim Efeu die Saugwurzel auch wohl zur Nährwurzel um und zerstört dann leicht den Mörtel an der Oberfläche, so hat doch die Erfahrung gelehrt, daß der äußere Schutz des Mauerwerks durch Verankung nicht nur technisch, sondern auch ästhetisch wertvoller ist, als kahl aufsteigendes Mauerwerk allein. Große Bäume in unmittelbarer Nähe von noch höher hinauf erhaltenen Mauern sind zu beseitigen oder so zuzustutzen, daß ihre Äste auch bei heftigem Winde das Mauerwerk nicht beschädigen können.

4. Einsturz drohende Mauern und Bögen sind durch Untermauerung abzufangen und, wenn erforderlich, durch schlichte Strebepfeiler zu stützen. Ihre technische Ausführung muß sie ohne weiteres als moderne Hilfsgebilde erkennen lassen, ohne störend aufzufallen. Bröckliges Mauerwerk ist unter Verwendung kräftiger Bindersteine auszuheilen, ebenso wie die Ausbesserung der Ansichtsflächen zurückhaltend, möglichst mit alten, noch brauchbaren Baustoffen und in der Technik des Bauwerkes selbst, oder, falls diese nicht mehr sicher kenntlich, nach dem Befund von Denkmälern der Umgegend.

Zementmörtel ist für alle s i c h t b a r e n Flächen zu vermeiden und durch hydraulischen Schwarzkalk- oder Traßmörtel zu ersetzen.

Sauber bearbeitete oder mit Zierformen geschmückte Werkstücke (an Portalen, Fenstern usw.) sind nur da durch neue zu ersetzen, wo statische Rücksichten dies erfordern. Gleichzeitig ist aber an bezeichnenden Stellen in unauffälliger Weise die Jahreszahl der Herstellung nach besonderer Zeichnung einzumeißeln, desgleichen ein charakteristisches Werkzeichen, so daß ergänzte Werkstücke ohne weiteres zu erkennen sind.

Steine aus reichem Ornament, insbesondere figürlichen Darstellungen sind, wenn statisch bedenklich, durch entsprechend gekennzeichnete Quadern mit unverzierter Bosse zu ersetzen.

Abgestürzte Bauteile dürfen nur dann wieder an ihren alten Platz versetzt werden, wenn dies ohne moderne Ergänzungen und mit einer auch für Archäologen unzweifelhaften Richtigkeit möglich ist. Sonst sind sie geschützt unterzubringen, am besten durch Einmauerung an einer Stelle, wo sie als reines Fundstück erscheinen, sei es in der Ruine selbst oder in einer Sammlung. Lose und namentlich kleinere Stücke sollten auf Holzgestellen, nicht auf dem Erdboden gelagert werden.

5. Besondere Aufmerksamkeit ist der oberen Abdeckung freistehender Mauerreste zu widmen, um das von hier aus gefährliche Eindringen des Regenwassers zu verhindern. Die obersten Steinschichten sind, sobald ihr Verband gelockert ist, abzunehmen und genau in der alten Weise, bei Quadermauerwerk nach zuvoriger photographischer Aufnahme und rückseitiger Numerierung der Werkstücke, in

hydraulischem Mörtel neu zu verlegen. Sodann ist die Oberfläche mit einem glatten Mörtelbett abzudecken, das namentlich bei größerer Höhenlage behufs Beschleunigung der Wasserabführung einen schwach gewölbten Buckel bildet. Dabei ist jedoch in der Längsrichtung der Mauer keineswegs eine Horizontierung und Abgleichung der oberen Begrenzungslinie anzustreben, vielmehr der alte, natürlich entstandene Umriß der Mauerreste beizubehalten, um der malerischen Gesamterscheinung keinen Schaden anzutun. Auf die Mörtelwölbung ist eine doppelte, starke Rasenschicht mit versetzten Fugen aufzubringen, um Gras und anderen kleinen Pflanzen zur Ansamung zu verhelfen. In die Fugen sind zur Belebung und Sicherung in regenarmer Zeit knollige oder fettblättrige Pflanzen (Sukkulenten) einzusetzen, z. B. Iris, Steinbrech, Fettehenne, Mauerpfeffer, Sempervivum tectorum. Als noch zulässiges niederes Strauchwerk können Goldlack und Seidelbast gelten. Tiefes Eindringen der Pfahlwurzel ist zu verhindern.

Soll der in trockener Jahreszeit aufgebrachte Rasen nicht verdorren, so ist der Maurerunternehmer zu verpflichten, ihn mindestens während der ersten 14 Tage ständig gut angefeuchtet zu erhalten. Bei besonders dünnen und hohen Mauern oder starkem Abfall der Ansichtsfläche, z. B. steiler Giebelschräge, wird man sich mit einfacher Festlegung der obersten Schichten und konvexer Mörtelabdeckung begnügen müssen, sie ist jedoch den Blicken von unten möglichst entzogen anzulegen.

6. Noch erfolgreicheren Schutz freilich wird, wenn Umfassungswände des Gebäudes noch bis annähernd zur vollen Höhe erhalten sind, die Errichtung ganzer Notdächer in landesüblicher Gestalt und Deckungsart gewähren. Dafür ist eine Ergänzung des Mauerwerks in geringem Umfange meist nicht zu vermeiden, um dem Dachstuhl Auflager zu geben und durch Verschluß der Breschen starkem Winde die Möglichkeit zu nehmen, unterzufassen und das Dach abzuheben. Dabei ist das moderne Mauerwerk als solches zu kennzeichnen. Auf die Abstimmung der Umrißlinie ist Wert zu legen. Einschieferung der Dächer erfolge in deutscher Art, mit eingebundenen Orten. Der Grat bei Mönch-Nonnendächern bestehe aus zwei Mönchen und einer Nonne.

Abfallrohre werden bei reichlicher Bemessung des Dachüberstandes entbehrlich; wo sie durchaus nötig sind, sind sie in die Architektur einzubeziehen, tunlichst geraden Laufes und in einer Mindestentfernung vor der Mauer von 6 cm herunterzuführen. Vorgehängte kupferne Rinnen mit Abweiser können im Notfalle ebenfalls zugelassen werden.

7. Erhaltene Gewölbe sind auf ihrer Oberseite sauber zu reinigen, mit starkem Zementestrich im Gefälle abzudecken und dann unter Voraussetzung entsprechender Widerlager hoch mit Erd- und Rasenschichten wieder aufzufüllen. An Stelle der letzteren Verfüllung kann für hoch gelegene Gewölbe bei wagerechter Oberfläche (für Turmplattformen u. ä.) auch Asphaltbelag treten. Die Anschlüsse an senk-

rechte Mauern sind aufzukrempen und in sauber ausgearbeitete Nut einzubinden.

8. Hohe Türme und ähnliche Bauteile sind, soweit sie nicht zur Besteigung durch Besucher in weitergehendem Maße hergerichtet werden, möglichst unauffällig durch leichte Leitergänge zur Beobachtung des baulichen Zustandes und Vornahme kleinerer Ausbesserungen zugänglich zu machen. Ihre unbefugte Benutzung ist durch entsprechende Vorkehrungen auszuschließen.

9. Bei Lage in der Nähe von Ortschaften, die einen häufigen Besuch, besonders durch kletter- und zerstörungslustige Jugend mit sich bringt, sind entsprechende Vorkehrungen zu treffen; es ist möglichst nur ein leicht zu überwachender und verschließbarer Zugang herzustellen. Wo Schuttanhäufungen oder tiefe Breschen zum Erklettern der Außenmauern anreizen, sind sie zu beseitigen oder zu vermauern. Ist das Bauwerk von dichtem Buschwerk umgeben, so kann der unbefugten Annäherung durch darin angebrachtes Stacheldrahtgehege entgegengearbeitet werden. Sichtbarer Stacheldraht ist zu vermeiden. Im Innern sind leicht zerstörbare Teile gegebenenfalls abzusperren.

Für die Überwachung wird sich meist ohne Schwierigkeit ein in der Nähe des Zuganges wohnhafter Handwerker gegen ein geringes Entgelt bereit finden lassen, möglichst ein Zimmerer, der einerseits des Aufstiegs gewohnt ist, andererseits kein Interesse an unnütz auszuführenden Mauerarbeiten hat.

10. Bei größeren, vielbesuchten und geschichtlich oder landschaftlich wertvollen Ruinen erscheint die

Erhebung eines angemessenen Eintrittsgeldes gerechtfertigt, gegebenenfalls durch einen eigens angestellten Wächter. Vielfach wird in solchen Fällen die Ruine selbst noch Gelegenheit zu dauerndem Unterkommen des Wächters bieten. Sonst ist nichts dagegen einzuwenden, ein solches neu zu schaffen, sofern das neue Gebäude sich künstlerisch dem Alten einfügt, ohne dieses nachahmen oder wiederherstellen zu wollen, noch auch wertvolle Teile des Alten verdeckt.

Ganz allgemein erscheint es überhaupt nicht unerwünscht, noch benutzbar gebliebene alte Räumlichkeiten wieder irgendwelcher passenden Zweckbestimmung zuzuführen, da sie dann bei weitem besser überwacht und unterhalten zu werden pflegen als in unbenutztem Zustande. Sind sie nicht bewohnbar, so können sie gegebenenfalls als Lagerkeller oder Stapelraum dienen.

11. Liegen Ruinen innerhalb Königlicher Domänen, so ist deren Überwachung als Bedingung in den Pachtvertrag aufzunehmen und zu erstreben, daß die Vorstände der Hochbauämter beauftragt werden, bei Gelegenheit der alljährlichen Domänenbesichtigung auch die Ruine darin einzubeziehen und über den Befund zu berichten.

Liegt die Ruine entfernt von Ortschaften in abgelegenem, wenig besuchtem Gebiet, so erübrigen sich Schutzmaßregeln gegen mutwillige Beschädigung durch Menschenhand; es ist nur gelegentliche Beaufsichtigung durch die zuständigen Forst- und Flurbeamten anzuordnen.

Rathaus zu Münster (14. Jahrhundert).

Schlagworte.

Abarbeiten des Werkstücks 8, 13, 16.
Abfallrohr 20, 24, 29, 36.
Ablaugen 13.
Abrutschen 32.
Abwässerung 11, 32, 34.
Achsenbeziehung 14.
Albuminabzüge 8.
Altar 12, 26.
Alter Zustand 7.
Altwert 6, 28.
Ampelopsis 29, 33.
Anstrich, pastos 28.
„ , lasierend 28.
Antikglas 25.
Archäologen 30, 31, 34.
Architekten 20, 22, 23.
Asphalt 10, 36.
Aufbewahrung während der Bauzeit 12, 27.
Auffangestange (Blitzableiter) 24.
Aufkrempen 37.
Ausbesserung 8.
Ausdünstung 12.
Ausflußöffnung 21.
Ausfugung 12.
Ausgrabung 8, 30.
Ausmalung 11.
Ausstattung, innere 8, 12, 23, 26, 27.
Austrocknung 11.
Außenputz 13.

Baugrund 7, 10.
Bauleiter 31.
Bäume 7, 32, 33.
Bauschutt 8.
Bedachung, monumentale 17.
Beleuchtung 22, 24.
Bemoosung 16.
Benzin 27.
Berankung 29, 33.
Besitzverhältnisse 8.
Beton 9, 22.
Bezirkskonservatoren s. Provinzialkonservatoren.
Biberschwanz 17.

Bildhauer 26.
Bildwerke 26.
Bindersteine 33.
Blei 18, 19, 25.
Bleiplattenisolierung 10.
Blitzableiter 22, 24, 29.
Bogenschub 11.
Bohrkäferlarve 27.
Böschungsmauer 32.
Bossen 34.
Botanische Werte 31.
Breschen 37.
Bromsilbergelatine-Abzüge 8.
Bronze 15, 21.
Buckel 35.
Burgen 32.

Chorschluß 18.

Dachanschlüsse 14, 19, 37.
Dachbildung 17, 23.
Dachboden 18, 24.
Dachdeckung 17.
Dachanheben 19.
Dachgrate 18, 36.
Dachhauben 18.
Dächer, heruntergeschleppte 15.
Dachkehlen 17, 18.
Dachluken 18, 19, 21.
Dachstuhl 10, 36.
Dachüberstand 20, 36.
Deckung, deutsche 18, 36.
Denkmäler-Archiv des Provinzialkonservators 9.
Dokumente, geschichtliche 28, 30.
Doppeldach 17, 18.
Dorfkirchen 20.
Domänen 38.
Dränage 11.
Drahtbürste 16.
Durchlüftung 9.

Efeu 29, 33.
Ehrenfeld bei Köln 19.
Eichenholz 19.
Eingänge 20.
Einsturz 32.
Eintrittsgeld 38.
Eisen 25, -klammern 15.
Elektrische Leitung 24.
Epitaphien 16, 26.
Erdgleiche 14, 23.
Erdleitung 24.
Erforschung 5.
Essensteine 22.
Estrichgips 14.

Falzziegel 17.
Farben 9, 12.
Farbreste 16.
Fenster 10, 25, 27, 34.
Fettehenne 35.
Feuchtigkeit 9, 10, 11, 12, 28.
First 22, 24.
Fliehkräfte 28.
Fliesen 13.
Flurbeamte 38.
Forschung, archäologische 30.
Forstbeamte 38.
Frostfreie Tiefe 10, 14.
Fugen 13, 14, 35.
Fundamente 9, 10, 11.
Fundstück 9, 34.
Fußbodenaufhöhung 15.
" -Belag 13, 14.
Futtermauer 32.

Gasheizung 11.
„ leitung 24.
Gegenzug 10.
Gesimse 14, 21.
Gestein 15.
Gestühl 12, 15, 23, 26, -Rücklehne 26.
Gerbsäure 19.
Gewölbeschub 10, 11.
Giebelschräge 35.
Glasgemäldefabriken 25.
Glas: Antikgl. 25, halbweiß 25, „Kathedralglas“ 25.
Glocken 28.
Goldlack 35.
Gräber 7.
Grabmäler 8, 14, 15, 16, 26.
Grabungen 31.
Graukalk 36.
Grundsätze, künstlerische 14.
Grundwasserstand 7, -Senkung 10.
Gudron 16.
Gully 20.
Gußblei 19.

Haarkalk 17, 19.
Harz 27.
Heizfirmen 24.
Heizung 11, 22.
Heizingenieur 22.
Heizkammer 22.
Heizkörper 15, 23.
Heizröhren 15, 23.
Hochbauämter 38.
Holzgattertüren 10.
Holzschnitzerei 27.
Holzsprossen 25.
Holzzement 17.

Jahn, Patent 22.
Jahreszahl 34.
Inschrifttafel 29.
Iris 35.
Isolierung 16.

Kalk, siehe Mörtel.
Kanzel 12.
Kathedralglas 25.
Kehlen 17, 18, 20.
Kerzenbeleuchtung 24.
Kienöl 27.
Kiesschüttung 9, 11, 20.
Kirchgänger 28.
Kirchenheizung 22.
Kirchenjoch 23.
Kirchtüren 26.
Kleinstädte 20.
Klempner 20.
Kletterpflanzen 29.
Klinker 11.
Knick 21, 24.
Köpckesche Glockenaufhängung 28.
Kostenanschlag 8, 31.
Kronendach 17.
Kunstdenkmäler-Verzeichnisse 5.
Künstler 25, 27, 29.
Kunstwerke 26, 31.
Kupfer 18, 24, 36.

Lageplan 7.
Lagerkeller 38.
Lasierender Anstrich 28.
Lattentüren 27.
Läuten der Glocken 28.
Leckwerden von Röhren 20.
Leim 27.

Leitergänge 37.
Leyendecker 19.
Lötnaht 21.
Luftheizung 23.
Lüftungsklappen 10, 25, 27.

Maler 26, 28.
Malerische Werte 8, 31, 35.
Malgrund 27.
Marmorzement 14.
Maserung 12.
Maßskizzen 12.
Maßstab 7, 8, 12, 18, 26.
Maueranschlüsse 14.
Mauerpfeffer 35.
Maurerarbeiten 12, 35.
" hammer 13.
" kelle 13.
Mehrarbeiten 31.
Meißel 13.
Messing 21.
Metallguß 21.
" kehlen 18, 19.
Möbel 12.
Modell 16.
Mönchnonnendach 17, 36.
Mörtel-Abbinden 13; hydraulischer 17, 33; Zementmörtel 12, 19, 33, 36; Grau- und Schwarzkalkmörtel 12, 33.
Moos 16.

Nonnen 36.
Nordlinie 7.
Notdach 36.
Numerierung 34.
Nut 19, 37.

Oberflächenbehandlung 13, 14, 25, 33, gekünstelt 13.
Ölfarbenanstrich 16, 27.
Originalbestand 8, 30.
Ornament 16, 28, 34.
Orte, eingebunden 18, 36.

Pachtvertrag 38.
Pappdach 17.
Pappunterlage 18.
Paralleldächer 20.
Pastoser Anstrich 28.
Patina 13, 25.
Pfahlwurzel 29, 33, 35.
Pfarrhaus 22.
Pflaster 9, 20.
Photogr. Aufnahme 8, 9, 16, 31, 34.
Plattform 36.
Portale 26, 34.
Provinzialkonservator 7, 9, [10.
Putz 24.

Quergefälle 9, 20, 36.

Radiator 23.
Rasen 35, 36.
Regenrinnen 20, 21, -Abweiser 36.
Reibbrett 13.
Reißen, Risse 9, 10, 11.
Rinnentöpfe 21.
Rippenrohre 23.
Rohrleitungen 14.
Rotguß 21.
Ruinen 30 34,.

Salzsäure 16.
Sammlungen, öffentliche 28, [34.

Sauberkeit 14, 16, 21, 24, 34, 36.
Schablone (Maler-) 28.
Schalung 18, 19.
Schellen 24.
Scheuerbesen 15.
Schieferung 18, 22, 36.
Schindeldach 19.
Schlägel (Bildhauer-) 13.
Schlingpflanzen 29, 33.
Schlosserarbeit 21.
Schlösser 32.
Schmiedearbeit 15, 21.
Schmutzkruste 13.
Schönheitsfehler 8.
Schornstein 22.
Schottergraben 11.
Schrift 15.
Schub (Gewölbe-) 9, 11.
Schulhaus 22.
Schutt 8, 37.
Schutzdächlein 15.
Schutzgesims 19.
Schwalbenschwanz 16.
Schwarzkalk 12, 33.
Schweißwasser 21.
Seidelbast 35.
Seife, grüne 16.
Seifensiederlauge 16.
Selbstklimmer 29.
Sempervivum tectorum 35.
Sickergraben 9.
Sockel 14.
Spalier 29.
Spritzwasser 14, 32.
Stacheldraht 37.
Stapelraum 27, 38.
Statische Gründe 34.
Steinbrech 35.
Steinmetzarbeit s. Werkstein.
Steinpfosten 25.
Stichdrän 9.
Strebepfeiler 9, 33.
Strohdach 19.
Studien 31.
Sukkulenten 35.

Tagewasser 11, 32, 34.
Terpentin 27.
Tischler 26.
Traß 12, 33.
Traufhöhe 18, 19, 23.
Traufpflaster 11.
Traufwasser 15, 20, 21
Treibkraft 12.
Trockenheit 26.
Tünche 16.
Türen 20.
Türme 20, 36, 37.
Türdrücker 21.

Uber 22.
Übermalung 27.
Überwachung 38.
Uferböschung 32.
Umrisse, gemalt 27.
Umrißlinie 27, 36.
Unterkellerung 22.
Unterlagen 7.
Unterspülung 32.
Untermauerung 33.
Ursprünglicher Sinn 31.

Verbleiung 25.
Verdunstung 12.
Vereisung 20.
Verfugung 12, 13, 14.
Vergoldung 15, 16.

Verkleidung 23.
Versackung 9.
Verstopfung 20.
Vertagung 31.
Verzinnen 15.
Vierung 13, 16.
Vitis Feitschii 29.
Vorarbeiten 7, 8.
Vorflut 7, 8, 9, 11.

Waldrebe 33.
Walzblei 18.
Wandfeuchtigkeit 12, 26.
Wandmalerei 25, 27.
Wärter 38.
Wasserabführung 31.
Wassersack 20.
Wasserspeier 20.
Wegbarmachung 32.
Weißkalkmörtel 12.
Werkstein 14, abarbeiten 8, 13, 16; ablaugen 13; gekünstelte Oberfläche 13, Vierungen 13, 16.
Werkstück, bearbeitet 34.
Werkzeichen 34.
Wettersturz 10.
Wistaria 29.

Zelloidinabzüge 8.
Zeichnerische Planung 7, 14, 23, 26, 34.
Zement 12, 19, 33, 36, -Ziegel 17.
Ziegel 8.
Ziegeldach 18.
Ziegelfliesen 13.
Ziehen der Rauchrohre 22.
Zimmermann 37.
Zink 20.
Zurückhaltung 8, 28, 35.
Zweckbestimmung 5, 37, 38.

VERLAGSHINWEISE

Auszug aus unserem

Reprintprogramm

»Fach- und Sachbücher von gestern

und vorgestern«

Theodor Krauth / Franz Sales Meyer

Das Zimmermannsbuch
Die Bau- und Kunstzimmerei (1895)

Ein Lehrbuch aus der Zeit um die Jahrhundertwende mit 361 Illustrationen im Text und weiteren 131 ganzseitigen Tafeln. Die Autoren der Schreinerbücher haben auch hier ein Werk geschaffen, das durch die enorme Breite des behandelten Stoffes und die klare informative Darstellungsweise viel Interesse findet. Zimmerleute greifen auch heute gerne auf dieses Buch zurück.

512 Seiten, 17,5 × 24 cm, 131 Tafeln, 361 Abbildungen
fester Einband mit Goldprägung
***Best.-Nr. 1212** · ISBN 3-88746-004-9*

Theodor Krauth / Franz Sales Meyer

Die Möbelschreinerei
Das Schreinerbuch II (1902)

Th. Krauth und F. Sales Meyer behandeln hier wie auch in der Bauschreinerei ausführlich alle Techniken und das Material des Schreinerhandwerks. In umfassender Form, aufgelockert durch viele hundert Abbildungen, wird in diesem Buch die ganze Schönheit tischlermäßig gefertigter Möbel eindrucksvoll vorgestellt. Auch für den versierten Hobbytischler ist dies ein nützliches Werk.

440 Seiten, 17,5 × 24 cm, 136 Tafeln, 276 Abbildungen
fester Einband mit Goldprägung
***Best.-Nr. 1211** · ISBN 3-88746-002-2*

J.C. Groß

Lehr- und Handbuch der Hufbeschlagskunst (1861)

Dieses einzigartige Werk mit 157 Abb. im Text und 16 ganzseitigen Bildtafeln bietet das komplette Wissen des Hufschmieds, umfassend und dabei gerafft dargestellt. Es verzeichnet eine Fülle von Formen und Materialien für den Beschlag und schildert die einschlägigen Techniken. Ein besonderes Kapitel beschreibt die Hufkrankheiten und ihre Behandlung. Ein unentbehrliches Kompendium für Hufschmiede, Pferdeliebhaber, Reiter und Veterinärmediziner.

368 Seiten, 10,5×17 cm, 157 Textabbildungen, 14 Tafeln
mehrfarbig bedruckter, fester Einband m. Goldpräg.
***Best.-Nr. 2220** · ISBN 3-88746-359-5*

Theodor Raetz

M. Lebrun's Handbuch für Klempner und Metallwaarenfabrikanten (1876)

sowie für Werkstätten von Gas- und Wasserleitungsanlagen ... Wichtige Ergänzung zum 1995 bei uns erschienenen Reprint der Konstruktionslehre „Der Klempner“ (1907). Eine gründliche Beschreibung der Werkzeuge und Maschinen, des Materials und der Arbeitstechniken. Besonders interessant die auf 24 doppelseitigen Tafeln abgebildeten Erzeugnisse der Klempner (Blechner, Flaschner usw.) jener Zeit.
Begleittext von Dr. Hella Ruebesam, Fulda

148 Seiten, 24×28 cm, 28 Tafeln mit über 400 Abbildung. mehrfarb. bedruckter, fester Einband m. Goldprägungen
Best.-Nr. 2221 *· ISBN 3-88746-367-6*

A. W. Hertel

Grandpré's Schlossermeister (1865)

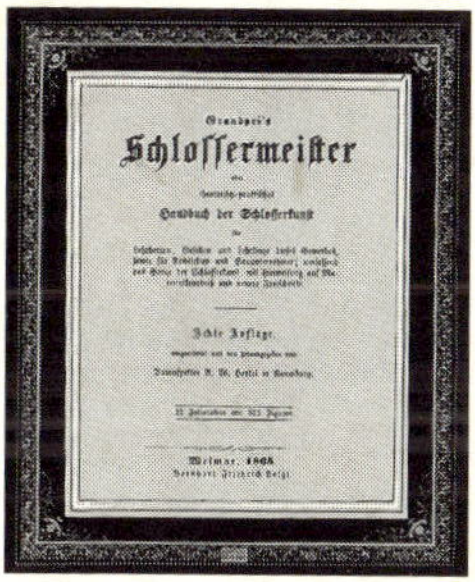

oder theor.-praktisches Handbuch der Schlosserkunst
Ausführliches, reich illustriertes Lehrbuch, das das gesamte Wissen des handwerklich arbeitenden Schlossers sammelt. Das Werk zeigt detailliert die Bearbeitung der Materialien, die Einrichtung der Werkstätten, eine Vielzahl von einfachen und komplizierten Schlössern und Schließmechanismen sowie sonstige Arbeiten des Schlossers, vom Riegel bis hin zum Metallschrank. Eine Fundgrube, ein technik- und handwerksgeschichtliches Kleinod, unentbehrlich bei Restaurierungen.
Begleittext von Dr. Christine H. Bauer, Fulda

208 Seiten, 21×28 cm, 22 doppelseitige Bildtafeln mehrfarbig bedruckter, fester Einband mit Prägungen
Best-Nr. 2222 *· ISBN 3-88746-372-2*

Adolf Opderbecke

Der Dachdecker und Bauklempner (1901)

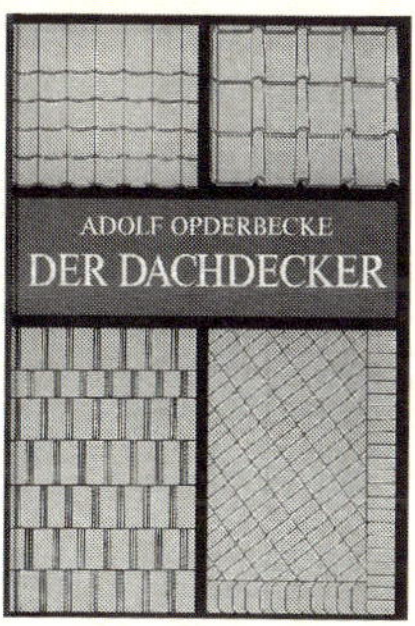

Grundlegende Darstellung der Arbeiten des Dachdeckers und Bauklempners aus der Zeit der Expansion unserer Städte. Behandelt die Dachdeckung mit organischen Stoffen, künstlichem Steinmaterial, Metallen, Glas sowie die Dachentwässerung mit Rinnen und Fallrohren. Das Werk besitzt hohen Wert bei baugeschichtlichen Studien, Reparaturen, Sanierungsmaßnahmen bzw. Rekonstruktionen.
Begleittext von Dipl.-Ing. Manfred Gerner, Fulda

236 Seiten, 16,5 × 24 cm, über 700 Abbildungen mehrfarbiger, fester Einband mit Prägungen
Best.-Nr. 5610 *· ISBN 3-88746-261-0*

Wilhelm Bomann

Bäuerliches Hauswesen und Tagewerk im alten Niedersachsen (1927)

Eine Fundgrube für alle, die sich für das dörfliche Leben und Arbeiten vor der Einführung der Maschinen interessieren. Es enthält viele präzise gezeichnete Abbildungen zu den Themen Haus, Hof, Ackerbau, Viehhaltung, Gerätschaften und Bräuche. Ein volkskundlicher Klassiker.

Begleittext von Dr. Bernward Deneke, Nürnberg

304 Seiten, 17 × 24 cm, 212 Tafeln und Bilder
mehrfarbiger, fester Einband mit Silberprägungen
***Best.-Nr. 4310** · ISBN 3-88746-281-5*

Ernst Oldenbruch

Holz- und Marmormalerei Graining und Marbling (1926/27)

Oldenbruchs Werk aus den 20er Jahren ist als „Große Wiener Schule“ unter Fachleuten auch heute noch ein Begriff. Es handelt sich um ein Vorlagenbuch mit den notwendigsten Erklärungen, verständlichen Arbeitsanleitungen und den unverzichtbaren farbigen Vorlagen. Als Fachbuch ist das Werk für Maler mit Restaurierungsaufträgen von unschätzbarem Wert.
Mit englischer Übersetzung.

148 Seiten, 24 × 33 cm, 210 Farbabbildungen
mehrfarbig bedruckter, fester Einband
***Best.-Nr. 5212** · ISBN 3-88746-142-8*

Fordern Sie bitte
unser Gesamtverzeichnis an

EDITION
libri rari

Verlag Th. Schäfer
Postfach 54 69 · 30054 Hannover
Telefon (05 11) 8 75 75 - 075
Telefax (05 11) 8 75 75 - 079